ASSOCIATION PARISIENNE

EN FAVEUR DE LA PRESSE PATRIOTE.

DISCOURS

DU CITOYEN G. DESJARDINS

SUR

LA MISÈRE DU PEUPLE,

PRONONCÉ A L'AUDIENCE DE LA COUR D'ASSISES DU 22 FÉVRIER,

DANS L'AFFAIRE DE

LA SOCIÉTÉ DES AMIS DU PEUPLE.

PARIS,

IMPRIMERIE DE AUGUSTE MIE, RUE JOQUELET, N° 9,

PLACE DE LA BOURSE.

1833

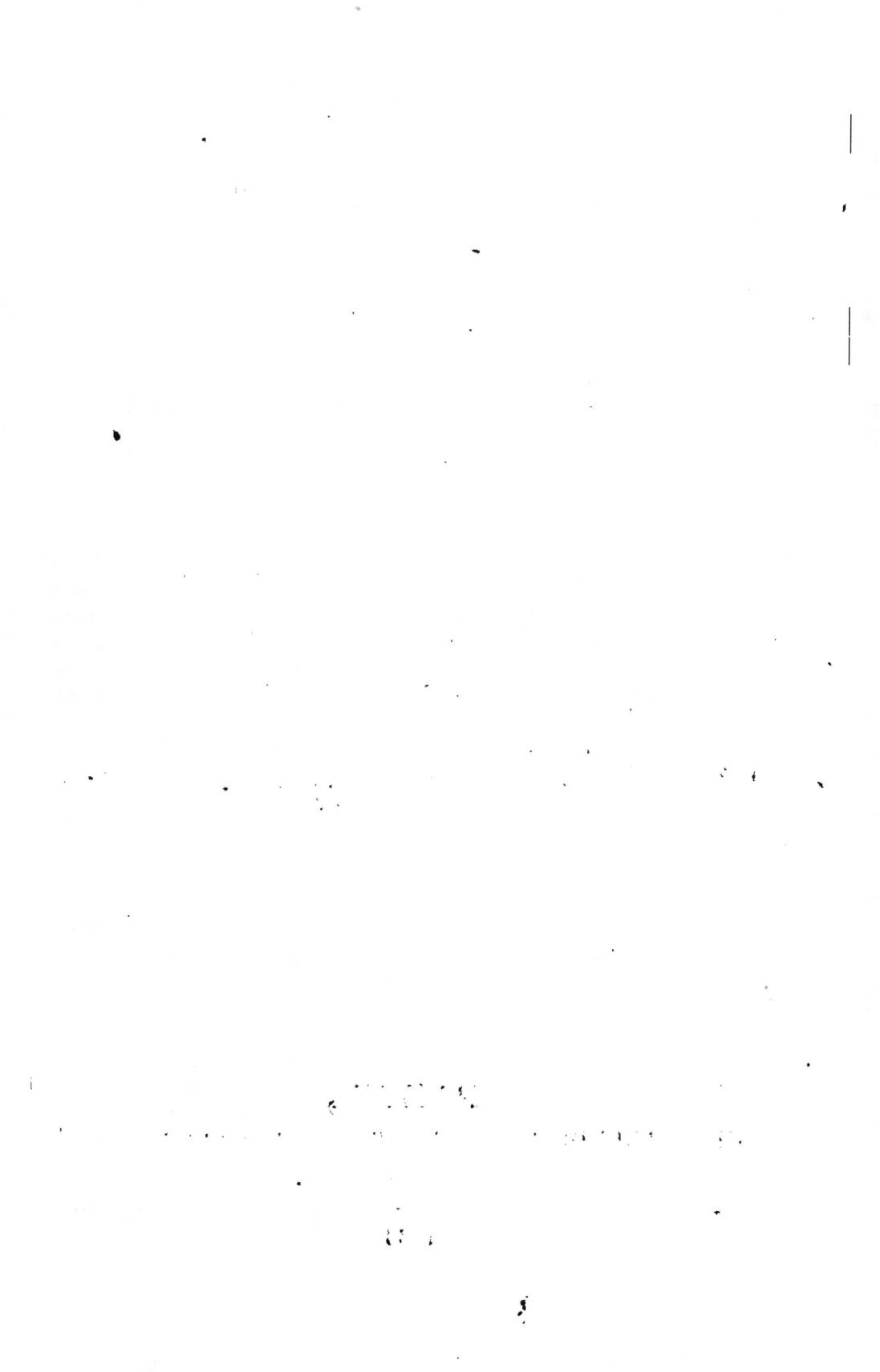

DISCOURS

DU CITOYEN G. DESJARDINS

SUR

LA MISÈRE DU PEUPLE.

MM. G. Desjardins et F. Avril, membres de la *Société des Amis du Peuple*, et M. Carpentier-Méricourt, imprimeur, comparaissaient hier devant la cour d'assises, prévenus des délits d'excitation à la haine et au mépris du gouvernement, d'excitation à la haine contre une classe de citoyens, les riches, et de provocation au pillage en bandes armées, non suivie d'exécution, résultant d'une brochure imprimée au mois d'avril par les *Amis du Peuple*, et intitulée : *De la civilisation*.

M. Bayeux, avocat-général, soutenait l'accusation.

M⁰ Boussi assistait Desjardins; M⁰ Dupont, Avril; M⁰ Frédérich, Carpentier-Méricourt.

Après le réquisitoire de l'avocat-général, Desjardins s'est exprimé en ces termes :

Messieurs, si je consulte l'acte d'accusation, certes voilà de grands mots, et bien propres à épouvanter un juré, à le remuer dans son impassibilité et son sang-froid de juge :

Provocation à la haine contre une classe de citoyens... LES RICHES!..

Car, plus ou moins, nous possédons tous quelque chose, même nous, qui comparaissons ici devant vous, messieurs; et peu d'entre nous aiment à perdre, et à perdre surtout par la violence.

Il y avait encore, — car l'interrogatoire que nous a fait subir le juge d'instruction comportait également cet autre chef d'accusation, — il y avait encore, je m'en souviens :

Provocation à la haine contre une deuxième classe... LES PRÊTRES!...

Et probablement la marche rétrograde de la révolution de juillet n'a pas été trouvée assez complète, pour qu'on ait osé introduire devant vous, messieurs, ce second chef d'accusation en rabat et en soutane. Ainsi nous n'avons pas, — pour aujourd'hui du moins, demain je n'en répondrais pas, — un grand aumônier, ou un archevêque de Notre-Dame de Paris, placé derrière le fauteuil de M. l'avocat-général ; ni sous le *oui, il est coupable*, que vous pourriez avoir à prononcer, l'infâme *loi du sacrilège* en embuscade. Nous sommes dispensés aujourd'hui de venir faire amende honorable, un cierge à la main, parce que l'accusation ne commence pas encore par un signe de croix.

Certes, je le répète, voilà de grands mots, voilà bien une autre grande phrase encore que je trouve dans l'accusation : *Provocation au pillage en bande armée, non suivie d'effets!*

Quoi! parce qu'on s'est permis de soulever les haillons qui couvrent la misère et le corps maladif du peuple? Mais c'est une ignominie que cette accusation! Il y a plus, c'est une immoralité que d'accuser, au nom de la société, des écrits que la société tout entière approuverait! Quelle voix de la morale publique ne fait entendre les mêmes choses? Dans quel pays du monde civilisé est-ce un crime que de faire un appel à la charité universelle; que d'invoquer la fraternité de tous les hommes?

Eh bien! ces ulcères, ces plaies, ce paupérisme rongeur qui dévorent la société française, je vais les faire toucher au doigt des plus incrédules, du haut de cette *tribune*, qu'une manœuvre maladroite vient de me fournir.

« L'apparition d'un fléau asiatique, du choléra-morbus, a dit « la *Société des Amis du Peuple*, dans sa brochure, vient de révéler « et de scruter la société française de fond en comble, de la tête « aux reins, des reins aux pieds. Il n'y a point de peuple, ou plutôt « le peuple n'a point d'existence en France; et nous en pouvons « témoigner aujourd'hui plus que jamais, nous qui, pour soulager « ses douleurs, voyons chaque jour le peuple couché dans la fange « et étendu sur son lit de misères.

« Le peuple meurt, parce qu'il subit, à l'approche d'une maladie « épidémique, l'effet d'une cause et d'une maladie chronique de la « société française, la misère... la misère continue des classes infé- « rieures!

« Le peuple meurt, parce qu'il a faim!

« Le peuple meurt, parce qu'il est nu!

« Le peuple meurt du choléra, parce que le choléra va recher- « cher dans les chairs du peuple, tout ce que les privations qu'il « endure depuis de longues années ont empoisonné, corrompu et « gangrené dans ses chairs et dans son sang! »

Et qui, d'entre ceux qui m'écoutent et me jugent en ce moment, oserait dire le contraire? A la preuve, messieurs, je vous la dois.

TAXES ET MONOPOLES.

Le peuple meurt, parce qu'il a faim. Il a faim parce qu'on réserve aux riches le monopole de la fourniture des principales consommations.

Parce qu'on ne laisse entrer les blés étrangers en France que lorsque le peuple commence à mourir de faim. — Il faut que les propriétaires vendent leurs céréales le plus cher possible. On appelle cela protéger l'agriculture! (Les blés sont à Marseille à 17 f., à l'entrepôt et en ville à 27 fr.)

Ainsi on charge de droits les bestiaux étrangers, pour qu'ils ne puissent entrer, et que les propriétaires nourrisseurs et herbagers vendent chèrement les leurs. — Peu importe que le peuple ne puisse pas manger de viande : du seigle, du sarrasin, des pommes de terre, des châtaignes, cela suffit à un bon tiers des Français! En deçà du Rhin, par exemple, la viande à huit sous; au-delà, on la mange à quatre ou cinq sous

Le peuple meurt parce qu'il a faim ; oui, c'est la voix, messieurs, que peut répéter à chaque détail de la vie, le réduit du pauvre à l'hôtel du riche, les entrailles du manœuvre à l'estomac du maître, l'échoppe au palais.

Le gibier, la volaille, le poisson, les fruits, ne paient rien, ou presque rien...En ne distinguant point les différentes espèces d'une même denrée, il est clair que celui qui consomme les espèces communes paie réellement plus que celui qui fait usage des qualités supérieures.

Mais, comme si toutes ces iniquités sociales ne suffisaient pas, on a voulu en ajouter encore : on a établi le monopole des professions les plus nécessaires à la subsistance du peuple.

On a limité le nombre des boulangers; et ce que ces privilégiés gagnent chaque année est un impôt levé sur les consommateurs. Cet impôt est énorme : il est de plusieurs millions.

Plusieurs de ces boulangers vendent le pain à faux poids; on leur applique une loi si indulgente, qu'ils trouvent profit à récidiver.

Une mécanique a été inventée pour accroître la production et diminuer le prix du pain. On a entravé le développement de cette utile invention, et on ne lui a pas permis de vendre publiquement.

les machines ne sont bonnes et n'obtiennent un brevet d'invention que quand elles sont un chevalet de tortures, un bois de la croix du prolétaire!...

Un homme avait fait une étude spéciale des procédés de la panification : il l'appliquait avec succès à la fécule de pomme de

terre (qu'emploient du reste tous les boulangers) ; il montrait ses
produits... on n'a pas voulu lui permettre d'établissement. C'était
assez conséquent avec tout ce qui précède : cet homme offrait de
faire du pain à plus bas prix que les boulangers privilégiés : sept
à huit sous devaient payer les quatre livres !

Les bouchers forment également un corps de monopoleurs, et
comme si ce n'était pas assez, il faut encore que le fisc s'in-
terpose de force entr'eux et les marchands de bétail. Cette entreprise se nomme *Caisse de Poissy*; et avec les droits sur les
suifs, les issues, etc., elle rend environ deux millions à la ville
de Paris.

On donne également encore à nos colonies le monopole du
sucre et du café ; pour conserver aux maitres d la Martinique
et de Bourbon leur superflu et leurs esclaves, il faut que le pauvre se prive de ces denrées, ou qu'il les paie deux ou trois fois ce
qu'elles coûtent aux nations voisines, qui n'ont ni colonies ni
marine.

A Hambourg, à Livourne, à Genève, une tasse de café ou de
chocolat coûte deux tiers de moins qu'à Paris. Singulier résultat
de nos progrès en économie politique !

Encore si, avec tant d'exactions, on pensait à pourvoir aux besoins du peuple ! Mais si des marchés sont ouverts, c'est dans
l'intérêt des riches. Point de ces vastes bazars où il devrait trou-
ver à *toute heure* et à sa portée, les objets qui lui sont nécessaires.
S'il veut du bois, il ne peut l'acheter au détail dans les bateaux;
Louis-Philippe paie son bois 31 francs, l'ouvrier 60 francs au détail. S'il a besoin de charbon, il n'a de marchés qu'à des distances
énormes. L'eau même est chèrement payée, parce qu'au lieu de
fontaines jaillissantes, les porteurs doivent la prendre aux machines où le fisc la leur fait vendre. Depuis 30 ans, l'autorité refuse
d'établir des machines qu'on lui a offert de construire pour la distribution de l'eau.

Nous ne parlons ni des *portes et fenêtres*, qui forcent les
malheureux à priver leurs demeures d'air et de lumière, ni du
monopole du *tabac*, qui fait si cher acheter au peuple la seule
jouissance qui lui soit permise, et ne livre à un prix exorbitant que
des objets falsifiés et malfaisans, ni de la loterie, ce vol privilégié
qui abuse la crédulité publique par les calculs les plus effronté-
ment mensongers.

Il faut bien que le PROLÉTAIRE engraisse de sa substance cette
tourbe de préposés, de revendeurs, de salariés qui le trompent,
qui....

Vous nous reprochez d'avoir parlé des empoisonnemens des premiers jours d'avril ? Moi, moi, je pourrais vous parler des em-

poisonnemens de chaque jour, des empoisonnemens à l'année, à bail, à entreprise, à forfait!...

Un tiers du sel qui se débite à Paris est falsifié par le mélange : 1° de terre ; 2° de sel impur des salpétrières ; 3° de sulfate de soude ; 4° de sulfate de chaux ou *plâtre*, connu dans le commerce de Paris sous le nom de *poudre à mêler au sel* ; 5° enfin de soude de Wareck. Il arrive à Paris plusieurs millions de kilogrammes de cette dernière substance, et une partie est mêlée au sel marin. On a vainement réclamé des mesures de l'autorité.

Nous n'ajoutons point cent et cent autres détails à ce détail : — Entre, prolétaire, entre plus avant dans tes privations et tes douleurs aux yeux et pour convaincre l'incrédulité de ceux qui douteraient de tes souffrances. Tu n'en es encore qu'à ta première *station*.

Messieurs, j'ai peu de foi dans les théories à la mode, par cela même qu'elles sont à la mode.

Je ne parcours point avec elles cette longue suite d'explications, ou plutôt de crédulités historiques, qu'on fait venir des premiers jours de la création humaine jusqu'à nous, et prouvant merveilleusement comme quoi la condition des *classes exploitées* de la société, s'améliore d'époque en époque.

Une seule chose me frappe et me semble démontrée, c'est la condition, pire que jamais, de *l'homme exploit par l'homme*.

L'esclave, dans l'antiquité, n'avait qu'un maître, qui pouvait exercer il est vrai le droit de vie et de mort ; mais on ne se détruit point soi-même dans ses propriétés, et si cela arrivait, ce qui était fort rare, dans ce cas c'était l'homme substitué à la société, et exerçant l'action de la loi. L'esclave d'ailleurs était presque toujours l'intendant, l'administrateur, le véritable riche, quelquefois même le véritable ami de la maison patronale.

Dans le moyen-âge, attaché à la glèbe, le *serf* vivait de la glèbe, c'est-à-dire que son foyer reposait sous la protection du château suzerain, comme sa personne sous l'écu du chevalier. Instrument de travail pour son seigneur, son seigneur prenait au moins soin de le nourrir dans les mois rigoureux de l'année. Le serf russe jouit encore de ces avantages, et a deux jours de la semaine qui lui appartiennent.

Cherchez de nos jours, messieurs, des avantages de cette nature dans l'existence du prolétaire français !

Est-il dédommagé par son importance morale ? Non : il n'est rien dans le monde et dans la cité. Est-il secouru dans ses nécessités ? Non : on ne lui doit rien depuis que la société lui doit tout. Dure sujétion, messieurs, que celle d'appartenir à tous dans la constitution actuelle de nos sociétés ; en présence d'un tel maître on meurt souvent de faim.

L'antiquité, de tous temps éprise des symboles, a semblé réunir dans un *homme d'agonies*, tout le drame de la vie de *l'esclave*, toute une religion des douleurs de ces temps reculés

Il en serait de même aujourd'hui du *prolétaire* Le cœur saignerait, saignerait long-temps, si sur chacun de ses membres, sur chacun de ses organes, on comptait les douleurs et les agonies qui se rencontrent dans cet instrument de travail, qu'on se renvoie et qu'on se jette de main en main des quatre coins de la France.

Encore cela, il souffre encore cela, et cela encore, dirait-on vingt fois avant de le voir, pauvre et chétif, monter enfin sur son bois de misère pour aller se reposer du *bonheur de la vie*, dans le travail de la mort!

INÉGALITÉ DE L'IMPOT.

L'article a de la Charte est un mensonge, messieurs; il porte que *tous les Français contribuent indistinctement dans la proportion de leur fortune aux charges de l'état.*

Il est évident que le pauvre paie autant d'impôts indirects qu ele riche, et que dès lors il n'y a plus de *proportion de fortune.*

Le pauvre qui travaille consomme nécessairement plus de denrées taxées que le riche oisif, et par conséquent il paie davantage. Le sel, par exemple, est presque entièrement consommé par le pauvre. L'impôt du sel est une des plaies du prolétaire.

Non-seulement les impôts indirects pèsent sur le pauvre, en frappant les objets de consommation nominativement soumis aux droits, mais encore en influant sur le prix de tous les autres objets qui en semblent exempts.

Par exemple, le prix *nécessaire* du blé, est forcément chargé de toutes les dépenses qu'occasionne au cultivateur la taxe qu'il paie sur ses propres consommations.

Le propriétaire est censé payer l'impôt foncier, mais c'est le blé qui le supporte effectivement. Car, en achetant une terre, celui qui emploie ainsi ses capitaux, ne paie qu'en proportion du revenu net que la terre doit lui rapporter, et fait ses baux en conséquence.

Le vin arrivant à l'ouvrier de la ville qui le consomme, se trouve également chargé de tout ce que le vigneron a supporté en droits de fabrication, de mouvement, de circulation, etc.; et ici les taxes font un double mal, car elles arrêtent la production. On sait que beaucoup de vignes en France ont été arrachées faute de pouvoir suffire aux exigences du fisc.

Pitt avouait au parlement que *les taxes étaient le moyen le plus sûr et le plus facile pour soutirer chaque jour aux ouvriers la plus forte partie de leurs salaires et les tenir ainsi dans la dépendance.* Ce sont ses propres expressions, messieurs. Voilà dévoilée une des arrière-pensées de l'aristocratie : et ce que Pitt disait, nos hommes d'état le pensent et l'exécutent.

Et en effet, messieurs ; de 1789 au 18 brumaire, la législation, tournée alors vers l'amélioration du sort des classes pauvres, s'est retournée avec Bonaparte et marche en sens inverse de ce but depuis ce temps-là.

Oui, messieurs, le prolétaire, le peuple meurt, parce qu'il est nu et mal couvert ; le peuple meurt, parce qu'il ne peut employer ses bras qu'à des conditions onéreuses toutes les fois qu'il est obligé de les armer d'instrumens de travail.

Les objets de luxe ne sont nullement taxés. Dès que quelque voix a voulu réclamer à ce sujet, on a crié qu'il était absurde de vouloir ressusciter les lois somptuaires, et que c'était porter atteinte à la liberté. Non-seulement on n'a point voulu imposer les chevaux de luxe, les chiens de chasse, les étoffes précieuses, les parfumeries, mais encore on n'a fait porter réellement les droits d'octroi et de douanes que sur les consommations du pauvre.

On taxe l'entrée des fers étrangers ; il faut que les maîtres de forges fassent fortune.

On taxe les charbons de terre de Belgique ; il ne faut pas qu'ils puissent nuire à ceux des mines d'Anzin, qui appartiennent à la famille Périer, par exemple.

Un des résultats des charges qui écrasent l'ouvrier en France, c'est que son industrie ne peut soutenir la concurrence des ouvriers de la Suisse, par exemple. Pour ceux-ci, un salaire de quinze ou dix-huit sous par jour représente plus de quarante sous à Paris ou à Lyon. Et lorsque les effets de cette concurrence se font sentir, lorsque pour la soutenir il faudrait que le fabricant prît quelque chose sur ses bénéfices habituels ou sur ses jouissances qu'ils alimentent, on dit à l'ouvrier : « VOTRE MAIN-D'ŒUVRE EST TROP CHÈRE, IL FAUT LA BAISSER. » C'est ce qui est arrivé à Lyon en 1831, et les mesures qu'on a prises pour remédier au mal ont été si efficaces en effet, que Lyon compte aujourd'hui plus de vingt mille individus sans autre ressource que la charité publique (c'est-à-dire un sur sept à huit individus). Il n'y a pas jusqu'à la concurrence des maisons de détention qui n'écrase les ouvriers, au profit de ceux qui font de ces prisons de vastes manufactures.

L'augmentation du nombre des consommateurs, tend chaque jour à faire hausser le prix des denrées, dont la production est encore bornée (car on ne défriche ni on ne dessèche rien), et de l'autre, un nombre plus grand d'ouvriers tend à abaisser et à avilir la main-d'œuvre.

Enfin, l'envahissement croissant des machines, l'industrie livrée aux banquiers, l'agriculture privée des capitaux qu'attire l'agiotage, tout tend à diminuer le prix du travail du prolétaire. La prospérité actuelle, dont nos faiseurs se félicitent tant, peut se résumer en deux mots : — Tout aux riches, — la misère et la faim aux prolétaires.

Voyez le résultat de ces prétendus progrès en Angleterre, cette terre classique de l'aristocratie industrielle, et le paupérisme qui la dévore!

SOUFFRANCES MORALES DU PROLÉTAIRE.

Le prolétaire, messieurs? le prolétaire souffre, non-seulement dans ses organes fatigués de privations et de travail, mais au moral, mais dans la partie intime de lui-même ah! qu'il éprouve des souffrances bien autrement poignantes!

On déclame contre la prostitution et le vol!

Contre cette mère et sa fille que l'on rencontre sur la voie publique! Savez-vous que dans les filles publiques il y en a seulement un septième arrivé là par passion vicieuse; que quatre septièmes se sont vendues par faim; que deux septièmes, au plus, y arrivent par suite de séductions! Et qui les a séduites?...

Et le vol! voyez les statistiques, vous vous convaincrez que le nombre des crimes est en rapport direct avec le nombre des riches. Comparez les statistiques anglaises et françaises. — Les hommes, eux, ne peuvent se prostituer.

On parle de la démoralisation du peuple! Mais qui lui donne une éducation? Et qui devrait la lui donner? Pourquoi les enfans sont-ils attachés aux machines avant l'âge?

En un an l'instruction primaire n'a coûté que 154 mille francs.

On parle de la démoralisation de Paris! Il y a, dit-on, deux tiers d'enfans trouvés. Mais savez-vous que bien des parens sont trop pauvres pour élever leurs enfans? Savez-vous que des mères, pressées par le travail de vivre, n'ont pas le temps de nourrir?

Et vous êtes étonnés que les *Amis du Peuple* aient dit que le peuple meurt, parce que la maladie va rechercher dans les chairs du peuple tout ce que les privations qu'il endure depuis de longues années ont empoisonné et grangréné dans ses chairs et dans son sang?

Oui, le *prolétaire* est le *Christ* de la société *moderne :* toutes les douleurs lui sont dévolues.

Il souffre comme l'ancien Christ, symbole de la misère de l'*esclave* romain, de longues privations, sa *quarantaine de jeûnes*, à lui, est *une quarantaine de toute la vie!*

Il souffre, en passant par la plainte et l'émeute, qui n'est qu'une manifestation de ses maux : le pied du cheval du cavalier armé contre l'émeute, comme le dit la brochure, « broie sur le pavé, la tête de l'homme du peuple : « c'est *la couronne d'épines* de ce roi de la société future.

Après la lutte, il est bafoué, honni, vilipendé, il passe par de grandes et sanglantes dérisions; c'est *l'éponge de fiel et de vinaigre* qu'on présente à cet homme pour apaiser sa soif,... sa soif de bonheur et d'égalité!

Il passe par les charges et le fléau de la guerre étrangère, qu'il supporte presque à lui seul : c'est son *coup de lance* dans le flanc. Je pourrais pousser plus loin la ressemblance et vous frapper de la comparaison, le *prolétaire* est véritablement un *homme d'agonies*.

Jurés, dans les temps ordinaires, la classe ouvrière vit *moitié moins* que la classe aisée. Il est prouvé par les calculs du docteur Villermé, par la statistique de Paris, par l'accord de tous les savans, que si le riche meurt comme 50, l'ouvrier meurt comme 108 ou 112. Il est prouvé que la maladie est quatre fois plus mortelle chez le pauvre que chez l'homme aisé.

Et vous êtes étonnés qu'à la venue du choléra et des événemens qui accompagnèrent son apparition, les *Amis du Peuple* se soient écriés :

Quelle époque est la nôtre!

« La face de l'homme du peuple est pâle de misère; le pied du
« cheval que monte le cavalier armé contre l'émeute, broie sur le
« pavé les membres de l'homme du peuple qui demande du pain...
« du pain qui ne soit pas empoisonné! L'épée du sergent de ville
« est rouge de sang!... Gouvernerait-on la France, le premier
« peuple du monde, au nom de l'empoisonnement, de la peste
« et de la mort? »

Jurés! est-il besoin, pour justifier ce passage, de marcher devant vous dans les sabots crottés, dans les sabots ensanglantés du prolétaire? Dans ces sabots où son pied, desséché par la maladie et la misère, se raidit enfin par la mort? Dites-le-moi.... je vais le faire.

Je suis à l'une de ces dures *stations qui l'approchent de la mort* : l'hôpital et la prison.

HOPITAUX.

Messieurs, l'état dépensait pour les Quinze-Vingts, 250,000 fr. On cria dans les chambres, on accusa l'administration, on diminua 40,000 fr. sur l'allocation. Vous croyez peut-être que cet argent a été pris un peu sur toutes les dépenses? Sur les moins utiles?... Pas le moins du monde! On a donné 40,000 francs de moins aux pauvres aveugles, il est vrai, mais l'administration de cet hôpital continue à manger 21,000 fr. et *la chapelle* 11,000 fr. c'est-à-dire à peu près autant que celle des Invalides, où il y a trois ou quatre mille hommes et deux vastes églises. M. le directeur général a 6,000 fr.; M. le trésorier 4,000 fr.; M. l'aumônier 5,500, etc. Entre six, ces messieurs touchent autant d'appointemens et d'émolumens que soixante. employés inférieurs ou aveugles de la maison. Et voilà les œuvres ou plutôt l'emploi des œuvres de la charité publique!

L'administration des hôpitaux, avec l'approbation du préfet, a décidé que les tisanes des malades ne seraient édulcorées qu'avec de la réglisse en guise de sucre. Ce qui a le double inconvénient de rendre ces boissons moins salutaires, et d'en dégoûter les malades.

A l'hôpital Saint-Louis, la soupe dans plusieurs salles, n'était qu'un brouet dégoûtant, où l'on ne pouvait distinguer aucune sorte de légumes. La volaille de M. le directeur, ou de madame la supérieure, n'aurait pas voulu des criblures avec lesquelles cette soupe était faite. Les journaux signalèrent le fait. M. l'administrateur fit améliorer la nourriture pour quelque temps. Mais il se vengea sur les pauvres *malades-infirmiers* qui avaient signé la réclamation adressée au *Constitutionnel* : il les chassa (1)

Cependant ce n'est pas l'argent qui manque aux hôpitaux ; mais dès qu'il y a de l'argent, il est appliqué à des dépenses de luxe ou de commodité pour les chefs de ces établissemens, les sœurs, etc., Et puis. surtout aux chapelles qu'il faut faire superbes! Il faut des autels, des chandeliers, des chasubles!

A la Charité, on n'obtient les douceurs des religieuses, les bons bouillons, etc., que si l'on se confesse; autrement il n'y faut pas prétendre; et l'on ne saurait s'imaginer la tyrannie que ces sœurs exercent sur les malades.

Et que devient la liberté des cultes et la liberté de conscience en présence de pareils faits? Et selon le langage orthodoxe et mystique, que devient le libre arbitre, cette faculté pour qu'il y ait mérite de choisir entre ce que ces femmes appellent le *bien* et le *mal*? Et quel mérite peut avoir, même à leurs yeux, la conversion d'une âme qu'elles envoient à Dieu, flottante sur une écuelle de bouillon?

On pousse la parcimonie jusqu'à la barbarie. Un pauvre jeune ouvrier, avait subi l'amputation de la jambe; la plaie se ferme; il guérit, il peut partir, et on lui signifie de s'y préparer. Il demande une jambe de bois, sans laquelle il ne peut se mouvoir. On lui apporte deux morceaux de bois brut, et on lui déclare que *la maison ne peut pas fournir autre chose.* Que faire de ce bois? le pauvre convalescent n'était pas *formier.* Il a fallu qu'un ami lui

(1) Beaucoup de faits relatifs à l'hôpital Saint-Louis sont signalés, rappelés et détaillés dans une lettre signée Henry. V. LA TRIBUNE du 17 ou 18 décembre 1832.

prêtât l'argent nécessaire pour la confection de la jambe, les cour-
roies, etc.; on le menaçait de le mettre dehors.

Et qu'on ne se méprenne pas sur le but de notre pensée : ce n'est
point l'institution secourable de ces femmes, *sœurs de charité*,
pas plus que l'établissement des hospices, que nous, républicains,
frères des douleurs du peuple, entendons blâmer : ce sont les
abus, les *cumuls*, les *gros traitemens*, l'occupation exagérée de
soi-même et l'*oubli des autres*, dont nous découvrons la *plaie* ;
le *monopole*, dont nous poursuivons à outrance l'*improbité*. Que
nous font les personnes au point de vue où nous sommes placés ?
C'est une guerre de chiffres exterminateurs, que nous poussons
contre les choses injustes, insociales et mortelles au corps général
de la nation, qui menace de tomber en dissolution, si cet état
continue.

S'il y a du dévouement, que de dureté souvent chez les infirmiers d'hôpitaux ! On en a vu qui voulaient ensevelir vivans des
cholériques. On en a vu chargés d'emporter des malades déjà
presque à l'agonie, poser le brancard à la porte d'un cabaret, et
entrer pour y boire, sans se presser !

Depuis 10 ans, messieurs, la population des prisons de Paris,
est moyen terme, d'environ............ 4,600 individus.

Celle des hospices est habituellement
d'environ.................... 9,800.

Celle des hôpitaux............ 4,500.

La mortalité dans ces maisons est d'un
huitième de la mortalité totale annuelle
de Paris.

Le nombre des enfans trouvés portés à
l'hospice de la rue d'Enfer, est, année
commune, d'environ............ 5,400.

Il a été dépensé plus de neuf millions pour reconstruction de
prisons, et prisons nouvelles à Paris, depuis deux ans et
demi.

En 1832, soixante-quatre mille six cents indigens, ont été enre-
gistrés dans les bureaux de charité de Paris : c'est un sur douze
habitans à peu près.

Six mille deux cent soixante-seize ont été secourus dans la même
année par le bureau du onzième arrondissement.

Le secours n'a été que de 13 fr. 21 c. par tête dans l'année.

Et vous n'appelleriez pas cela, messieurs, de la misère, de la
souffrance, une mort lente de chaque jour, une agonie, un véritable abîme à combler, aujourd'hui, à l'instant même entre les
jouissances du riche et les privations journalières du pauvre ?.. Et
que faut-il de plus pour vous toucher ? qu'il acquitte la dette des
autres ?... Il l'acquitte encore !

Dans le choléra-morbus, qui a payé la dette de tous ? Le pauvre, le pauvre encore. — Il en est mort à Paris 16 à 18 mille ; et ne croyez pas que ce fût l'ouvrier débauché, l'ivrogne, la fille publique ; non, c'est l'homme qui dévorait son pain rare, avec angoisse et silence. Il est mort seulement 300 personnes de la classe aisée ; et afin d'exagérer ce dernier nombre, on répétait dix fois de suite, dans le même journal, les mêmes noms ; et encore était-ce pour la plupart des vieillards ou des hommes d'une vie peu régulière.

S'il fallait rechercher qui a bien mérité de l'humanité, dans ces momens de douleur, d'angoisses et de mort, nous verrions les riches égoïstes, préoccupés, se renfermer, se cacher, s'enfuir ; passer honteusement dans les rues de la grande cité, enveloppés de la puanteur d'une atmosphère de camphre, le pied douteux et mal assuré, le mouchoir sur la bouche, ou de lâches flacons suspendus aux narines !

Tandis que les prolétaires, sans peur, comme sans personnalité, s'aidaient, se secouraient mutuellement

Chez les riches, tous liens de famille étaient rompus. Et c'était de ces hommes qu'on pouvait dire, avec la brochure incriminée :

« Qu'ils s'écoutaient marcher, digérer, respirer ; que toute une
« nation, ou partie d'une nation, prêtait ignominieusement l'oreille
« au battement de ses artères, et était frappée d'hypocondrie comme
« un seul homme. »

Chez le peuple, les liens de la famille, ceux de l'amitié, ceux du simple voisinage même se resserraient. On a vu de pauvres ouvrières ne pas quitter le chevet de leurs voisines, passer les nuits.

« Que de vertus, comme s'exprime la brochure, que de dé-
« vouemens brillent sous ces toits désolés ; et si l'humanité s'y
« montre misérable, qu'elle s'y fait voir aussi simplement géné-
« reuse et belle ! »

« Vous nous accusez, nous républicains, nous hommes du
« peuple, de subversion d'ordre et de barbarie ? c'est vous qui
« êtes les barbares ; barbares étrangers à tout dévouement, bar-
« bares arriérés de nous de plusieurs siècles d'égoïsme et de per-
« sonnalité. Entre la double pression de l'Europe monarchique
« armée, et de la vieille France aristocratique, envahissante et
« dissolvante, il n'y a désormais de salut, de France possible qu'a-
« vec le peuple. Et au moment où toutes les déceptions diploma-
« tiques et toutes les turpitudes morales sont à l'ordre du jour,
« nous avouons que c'est un besoin pour nous de nous reposer
« dans les vertus et la haute moralité du peuple, pour ne pas
« perdre tout espoir d'ordre véritable, toute idée de dignité réelle,
« pour ne pas désespérer du salut public.

« Hommes jouissans et possédans, savez-vous, dit encore la
« brochure incriminée, — et ce n'est pas moi qui la démentirai ?
« — savez-vous que vous ne payez au plus que le cinquième de
« vos revenus par an à l'état, et que l'homme du peuple, qui
« gagne 35 sous par jour, paie en contributions de toute espèce
« *seize sous* par jour au fisc ? »

L'homme du peuple paie en effet presque moitié en sus du prix
de son vin, quand il en boit.

Un quart au moins sur le prix de la viande,

Les quatre cinquièmes du prix du sel,

Les trois quarts du prix du tabac.

Le monopole du blé, les frais de la production exagérés par les
taxes et réellement chargés de l'impôt foncier, lui font payer son
pain au boulanger monopoleur, à peu près le double de ce qu'il
vaudrait réellement.

Sur 80 ou 100 francs de loyer, il paie 10 ou 12 francs de portes
et fenêtres.

Le bois et le charbon lui coûtent 1 sous d'impôt sur 4 sous d'a-
chat.

Le coton de sa chemise, de sa veste, et de ses autres vêtemens
paie des droits de douane considérables.

Par l'effet du monopole réservé aux riches pour les bestiaux,
pour les laines françaises etc., ses souliers, ses habits lui coûtent
plus cher qu'à l'ouvrier de la Suisse et de l'Allemagne... A Paris,
il paye son livret.

S'il veut sortir de Paris, il paye son passeport. Et je ne parle pas
de tout ce que lui coûte de trop, la nécessité où il est de tout
acheter de troisième ou quatrième main, de ce qu'il paye aux privilégiés qui l'exploitent, etc., etc.

« Savez-vous, ajoute encore la brochure, que ce gouffre ouvert
« et béant, entre la misère du peuple et l'abondance du riche,
« demande à être comblé à l'instant même par les notabilités de
« la société française ; et que, si elles n'ont pas l'énergique hé-
« roïsme de s'y jeter corps et biens en Curtius dévoués au peuple,
« le peuple, et avec justice, les jetera bientôt au gouffre, en vic-
« times expiatoires. »

Eh bien ! qu'y a-t-il là-dedans qui ne soit profondément vrai ?
Est-ce la menace ou bien l'acte de dévouement à réaliser qui nous
étonne ?

Voyons, messieurs ; pour un moment, parlons non pas de juge
à prévenu, non pas d'homme du roi à tribun du peuple, mais
d'homme à homme. Nous avons tous vu les mêmes choses, et nous

sommes d'honnêtes gens ; entretenons-nous un moment avec calme de ces charges, de ce fardeau de l'ouvrier que nous connaissons tous. Voyons, faisons le budget de ce pauvre ouvrier.

BUDGET D'UN OUVRIER.

Nous savons qu'il y a des ouvriers à Paris qui gagnent de trois à quatre francs par jour ; mais leur travail éprouve de grandes intermittences ; un plus grand nombre n'a que 1 fr. 50 c. à 2 fr. 50 c. de salaire (les fabricans de Lyon sont de ce nombre, nous le notons ici pour souvenir). — Nous admettons une moyenne de 2 fr. et du travail pendant toute l'année, les dimanches exceptés, ou 2 f. 25 c. avec du travail pendant 285 jours de l'année seulement. Dans l'un et l'autre cas, ce travail lui vaudra 630 fr. par an (ou 1 fr. 75 c. par jour) pour la dépense des 365 jours dont l'année se compose.

Nous supposons que cet ouvrier aura un petit mobilier, quelques ustensiles, ce qui est le cas le plus favorable et le plus rare. Nous admettons qu'il n'a ni femme ni enfant ; car s'il est père de famille, sa condition devient pire ; il est rare que la profession de la femme suffise à l'accroissement de dépense qu'elle apporte dans le ménage, et quant aux enfans, la naissance de chacun est un nouveau malheur. Il est évident qu'avec toutes ces conditions, l'ouvrier peut à peine suffire aux plus urgens besoins ; que s'il fait quelques dettes, il n'a d'autre ressource que dans la criante usure du Mont-de-Piété, qui lui vende ses effets à vil prix ; que s'il tombe malade, il faut qu'il aille bien vite à l'hôpital.

Nous ne parlons pas de cette classe encore plus malheureuse des jeunes filles, qui n'ont aucun moyen d'existence que leur travail, et que la misère exile de la demeure paternelle. Il est physiquement impossible à ces infortunées de gagner la moitié de ce qui est nécessaire à leur subsistance ; et ce qui surprend, ce n'est pas d'en voir un si grand nombre tomber dans la prostitution, mais d'entendre les déclamations hypocrites des gens qui perpétuent cet état social, où la fille du prolétaire doit se vendre ou mourir de faim.

Nous ne dirons rien des manœuvres des campagnes, parce que les calculs à apporter à l'appui de nos assertions, demanderaient trop de développement. La matière est immense. Nous n'aurions pas le temps de faire le budget de ces bas-bretons, vivant pêle-mêle avec leur bétail, et se nourrissant de galette de sarrasin, de ces malheureux Solognots ayant la fièvre huit mois de l'année ; de tant d'autres ne buvant jamais de vin, connaissant à peine la viande ; d'autres ne mangeant pas un grain du froment qu'ils récoltent ; de ces filles des champs vendant leur chevelure pour un mouchoir, et se faisant servantes pour 36 fr. par an. Il y aurait trop à dire sur les profits de tout ce peuple dans la civilisation actuelle !

Venant aux dépenses de l'ouvrier de Paris, nous donnons un aperçu de quelques termes de comparaison, qui feront juger de nos évaluations.

La nourriture et l'entretien des invalides coûte 1 fr. 65 c. par jour, par prix fait. Il est bien entendu que l'hôtel les loge, et on comprend que tout se faisant en grand pour cette nourriture et cet entretien, ils coûtent beaucoup moins cher que ne dépenserait l'homme isolé précisément pour les mêmes choses.

La nourriture et l'entretien dans les hospices coûtent, terme moyen, environ 1 fr. 7 c. par jour; le logement et quelques autres dépenses ne sont pas compris dans ces 1 fr. 7 c., et l'on sait que l'habillement fourni dans ces maisons ne pourrait ni convenir, ni suffire à l'ouvrier, tel économe qu'il fût.

Enfin la nourriture et l'entretien, dans les prisons, reviennent à environ 66 c. par jour. On sait combien ils sont insuffisans, et les observations sont superflues.

Nous avons évalué la quantité de denrées nécessaires à l'ouvrier, un peu plus haut seulement que celles fournies au soldat en campagne; on sait que ces fournitures en nature ne lui suffisent pas, et que le soldat doit y ajouter au moyen des prestations en argent qu'il reçoit.

Logement, entretien et nourriture par jour, d'un ouvrier chez lui.

Deux livres de pain mi-blanc.	25 c.
Dix onces de viande.	25
Légumes, épiceries, sel, chandelles.	20
Eau	5
Trois huitièmes de litre de vin à 16 s.	30
(Ou demi-litre à 12)	
En tout.	1 fr. 5 c.

Chez lui.

Loyer à 80 fr. par an, environ	22 c. par jour.
Blanchissage, par jour,	6 id.
Charbon et bois	19 id.
{Charbon, 3 s. par jour toute l'année} {Cotterets pour 150 jours d'hiver,} {15 fr. par an.	
En tout.	1 fr. 52 c.

A la gargote.

Le matin, une soupe et un peu de bœuf	6 s.
A diné, une portion.	5
Le soir, fromage ou autre chose.	3
Deux livres de pain.	5
Vin, trois huitièmes de litre.	6
Total	25 sous.

En garni, ou chez le logeur.

Coucher par nuit.	4 s.
Blanchissage chez le logeur.	1
En tout.	1 l. 10 sous.

Entretien.

Une chemise par an.	5 fr.	c.
Trois paires de bas.	4	50
Trois paires de souliers.	21	
Un chapeau en deux ans (casquette).	7	50
Deux pantalons par an.	15	
Un gilet.	5	
Mouchoirs et cravattes.	2	
Un habit et une veste en deux ans.	30	
Total.	90 fr. 00 p. an.

ou 25 c. par jour.

Eh! bien, nous convenons de tout cela, me dira-t-on : ces torts sont ceux de la constitution actuelle de la société? Qu'y faire, comment y porter remède?

Comment y porter remède? Par l'impôt progressif, qui peut rétablir en partie l'équilibre social rompu.

L'IMPOT PROGRESSIF?... Qu'est-ce que l'impôt progressif, messieurs, dans son acception la plus étendue?

L'impôt qui dispensera de contribuer aux dépenses publiques (en tant, bien entendu, qu'il existera du superflu dans la nation) tout citoyen dont les revenus n'excéderont point ce qui est nécessaire à sa subsistance, et créera pour les autres l'obligation de supporter progressivement ces mêmes dépenses publiques, selon l'étendue de leur fortune.

En vous entretenant de l'impôt progressif, vous sentez comme moi, messieurs, que nous avons bien moins en vue l'intérêt du fisc que les besoins du peuple. Laissez-moi donc vous parler d'abord du pain du peuple.

— « Mais qu'est-ce que la loi peut faire pour la subsistance? Rien
« directement, m'objectera-t-on : avant qu'on eût l'idée des lois, les
« *besoins* et les *jouissances* avaient fait à cet égard tout ce que pour-
« raient faire les lois les mieux concertées. Que pourrait-on ajouter
« par des lois directes à la puissance constante et irrésistible de ces
« motifs naturels? Rien directement. »

Ainsi raisonne une vieille école de législation, étayée, échafaudée et récrépite de tous les sophismes du *statu quo*.

Messieurs, nous pensons et raisonnons autrement; et l'impôt progressif est pour nous comme un premier pas dans l'acheminement à la solution d'un grand problème social, toujours ajournée par les ennemis du peuple : L'EGALITE ENTRE LES HOMMES.

A nos yeux, l'assiette actuelle de l'impôt n'est pas seulement un abus, elle est un crime, un crime de lèse-humanité : et pour exprimer ce qu'il m'en semble d'un seul trait, — la société française se suicide par *l'impôt proportionnel*.

L'homme du peuple, et j'entends par là des millions de Français, l'homme du peuple, rétribué à 35 sous par jour, paie au fisc avec ses sueurs et son sang (car la sueur est du sang, et l'action du besoin un suicide lent), paie 16 sous de charges et d'impôts reversibles par jour, comme nous l'avons déjà dit ; c'est-à-dire qu'on lui enlève la moitié, moins un et demi, du *nécessaire*, de l'indispensable à sa subsistance.

Quel est l'homme à cent mille livres de rentes qui laisse cinquante mille francs de sa dépouille, qui pourtant n'est pas lui, qui n'est pas son sang, dans les mains du fisc ?

L'assise de l'impôt, en sens inverse des facultés personnelles, fait sentir et toucher au doigt que la société est exploitée par autre chose que par elle-même; qu'il y a toujours de la féodalité dans ses combles, et que la population d'un état sert de base à quelque colossale et écrasante statue, qui n'est pas celle du peuple souverain!

Mu par un sentiment d'indignation, que produit toujours le spectacle de l'injustice, et d'une longue injustice, j'allais récriminer. Mais j'appaise les torsions de mes entrailles, où je porte le peuple avec amour, et j'élève ma tête; car je m'occupe devant vous, messieurs, de l'examen d'une loi, et une loi n'est jamais une récrimination, son caractère et son objet ne sont pas la vengeance. Le législateur, au-dessus des passions humaines, n'aborde l'homme que pour s'enquérir de ses besoins. Le mal et le remède doivent peser le même poids quand il compare : ses deux mains étendues sur les peuples sont une balance, et la justice, avant tout, doit tenir le fléau qui les équilibrent.

Messieurs, il est une chose qui me paraît de la dernière évidence, parce qu'elle est de la plus impérieuse nécessité ; c'est qu'une nouvelle ère de la loi va s'ouvrir.

La loi jusqu'ici n'a été que *conservatrice*; la loi est prête à se faire *créatrice*.

Dans la première ère, la loi disait à l'homme : *crée, produis, je conserverai, je garderai, je veillerai pour toi.*

Dans la nouvelle ère, la loi dira : *emploie tes forces et tes facultés, et je donnerai, je distribuerai, je créerai pour toi; les plans de ton bonheur m'appartiennent.*

La première fesait du sol, l'Eden, de quelques milliers de gros tenanciers, et le tombeau de l'espèce humaine.

La deuxième, providence de la petite propriété, donnera la terre, autant que possible, en partage à tous.

L'une n'était que de la *sûreté*, l'autre deviendra de *l'égalité*.

On pense bien qu'en élargissant les capacités maternelles de la loi, et la rendant propre à porter et nourrir également tous les hommes dans son giron, nous n'avons pas pour dessein d'ammener l'homme à l'indifférence, à l'imprévoyance du lendemain, à suspendre ses pas dans la recherche du bien-être qui lui est naturelle, *à sevrer son existence des illusions de l'espoir, des jouissances de la possession;* que nous n'avons pas pour dessein de fermer et sceller d'un sceau d'archi-chancelier tout le roman de la vie humaine,

Qu'en commandant à la loi de *fournir* à la subsistance, nous ne voulons rien ôter de l'avenir qu'il y a dans tout travail surabondant aux nécessités du moment; rien retrancher des noix et des pignons entassés à la saison, pour la faim future et le jour des frimas et l'hiver de la vie. Car alors l'instinct de certains animaux en saurai plus que nos lois d'intelligence et de raison.

On pense bien qu'en rendant chaque citoyen passible e t soli-daire de la faim d'autrui, nous entendons encore moins créer au prévoyant, *à l'économe, autant d'ennemis qu'il y a de dissipa-teurs,* à l'homme qui a la puissance et le vouloir de transformer les biens de la terre, pour ainsi dire en sa propre substance, et les faire circuler dans ses veines en sang généreux, autant de sang-sues, autant d'insectes parasites et déprédateurs.

Loin de nous l'idée contre-nature de rendre la paresse et la lâcheté conquérantes; et de bouleverser, sous le dard du frélon, la ruche de la république des hommes; à chaque travailleur sa perle de miel, à chaque abeille son alvéole.

Mais nous devons ici nous expliquer nettement, catégoriquement.

La justice de l'ancienne ère de la loi consistait, en ce que rien ne pût être ôté à personne; je l'ai dit; c'était une loi de *sûreté.*

La justice de la seconde ère de la loi consistera à ne rien ôter au-delà de ce qui sera *nécessaire, indispensable,* au bien de tous : elle sera une loi d'*égalité.* sans cesser d'être une loi de *sûreté.*

J'aborde maintenant une objection des partisans du système de l'impôt proportionnel.

— La propriété imposée, disent-ils, doit l'être d'une manière égale? D'accord !

L'homme à 100 mille francs, comme à 20 sous de rentes, ne doit au fisc que le cinquième de son revenu, si le cinquième est la quotité de l'impôt.

En agir autrement, ce serait consacrer l'inégalité devant la loi.

Je réponds : L'impôt proportionnel repose sur la propriété ;

L'impôt progressif sur la personne du propriétaire; et c'est pour traiter également cette personne, qu'on la traite inégalement en apparence.

La propriété est cadastrée, la base de son impôt est invariable car les relations entre ces qualités ou grains de terrains une fois connues ne sauraient changer.

Mais il n'en est pas de même des hommes, et ce sont les hommes qu'il convient de cadastrer à leur tour. Et pour échelle d'appréciation, vous aurez leurs rapports avec la propriété même.

La propriété, sans ajouter à la valeur intrinsèque de l'homme, la propriété donne, on en conviendra, une inégalité de bien-être, une valeur relative de superflu d'homme à homme ; c'est cette inégalité relative qu'on veut ramener, autant que possible, vers l'égalité, en la rendant imposable. C'est cette valeur empruntée à la propriété, bien qu'en dehors d'elle, car c'est une valeur de cumul, qu'on veut rendre passible de restitution ; c'est le cumul du *nécessaire*, de *l'existence de plusieurs hommes* sur une seule tête d'homme, que l'on veut atteindre.

L'homme n'ayant que le nécessaire, l'homme que j'appellerai à *valeur intrinsèque*, est l'unité arithmétique.

L'homme à superflu, à cumul, *à valeur relative*, est le chiffre placé à la droite de l'unité, et qui acquiert d'autant plus de valeur, qu'il s'éloigne d'avantage de l'unité radicale.

Ce chiffre cumulard une fois connu, et cet abus de position relative bien déterminé, il appartiendra à la loi de statuer si elle doit user de toute cette valeur d'augmentation ou d'une partie, c'est-à-dire laisser à l'homme une portion de son superflu, ou lui enlever la totalité de ce même excédant du *nécessaire*.

Je dis tout ou partie, car le problème à résoudre n'est pas seulement mathématique, messieurs, il est encore social.

Il saisit, il appréhende la société par les combles et par les fondemens à la fois.

Il doit la remuer, mais de façon que la loi ne détruise pas la société, ou que la société ne détruise pas la loi.

Il importe donc, qu'une échelle sagement graduée de l'impôt progressif, prépare le bonheur des uns, sans jeter les autres, et la société toute entière, par contre-coup, dans le découragement et le marasme, car, où disparaît le superflu, le nécessaire ne tarde pas à manquer.

L'impôt progressif, que nous croyons devoir régénérer le corps social, est un remède *héroïque*, c'est-à-dire qu'il est aussi un poison, dangereux s'il était employé par des mains inhabiles ou passionnées, mortel s'il était prescrit à des quantités élevées.

Non pas qu'une de ces révolutions radicales, comme on en a vu, ne pût demander, au nom du peuple, aux détenteurs de la richesse collective de la société, d'ouvrir enfin cette immense épargne des 16 sous par jour qui leur a profité, et dans le gouffre de laquelle ils ont à peine jeté un huitième annuel de leur superflu, quand l'homme du peuple y abîmait la moitié journalière de son nécessaire! Ce ne serait, à notre sens, qu'une juste restitution, que l'homme du superflu ne manquerait pas de son côté de qualifier d'un autre nom. Mais si nous ne le demandons pas, et si nous nous gardions même de le conseiller en temps opportun, ce ne serait point pour empêcher la richesse de calomnier, ni le superflu de descendre; car sans scrupule aucun, je le répète, une révolution pourrait frapper du niveau et faire tomber en débris fécondans sur toutes les têtes du peuple, chaque couche successive d'usurpation et d'injustice de la richesse pyramidale et monstrueuse.

Mais c'est pour le peuple lui-même que nous ne devons pas vouloir que tout excédant du *nécessaire* soit compté comme *superflu*. Par l'impôt progressif, nous voulons appeler et encourager le peuple à monter; et comment monterait-il, si en sortant du *nécessaire* il trouvait d'abord le niveau sur sa tête? Le trop grand abaissement du superflu détruit l'industrie, éteint l'émulation. La vie au jour le jour commence quand on désespère de pouvoir rien amasser. Et c'est de cette vie là que nous voulons faire sortir le peuple. Nous voulons qu'il songe plus qu'à subsister. Nous voulons étendre pour lui l'idée d'*être* dans l'idée de *bien-être*, le droit de *vivre*, qu'on lui dispute, dans la faculté de *vivre commodément*, qui lui est acquise en sa qualité de membre d'une société civile.

Il importe donc d'arrêter, du côté des combles de la société, le gaspillage du bonheur commun, en abaissant le cumul de la richesse, et d'élever vers ce même bonheur ceux que les institutions actuelles en retiennent si éloignés à la base de la société.

Pour l'homme surchargé du superflu, l'abaissement de ce qu'il possède de trop doit s'arrêter à l'épiderme qui recouvre le bien-être réel. Car s'il est vrai que l'homme puisse représenter en bonheur par les avantages de la fortune dont il jouit, quatre ou cinq existences d'hommes réduits au nécessaire, il est faux, il est impossible à celui qui dévore le revenu de mille ou quinze cents existences d'hommes, de cumuler et représenter dans sa personne une somme de bien-être égale à celle de ces mille ou quinze cents qu'il frustre; il ne les représente pas plus en bonheur qu'en forces physiques.

Pour l'homme manquant de l'indispensable, le mouvement ascendant du *nécessaire* doit se ralentir à cette ligne de section où s'arrête le *bien-être réel*, et commence *la vanité*, la *frivolité d'être*, cette maladie du siècle, que le siècle doit guérir.

On a calculé que tous les Français avaient à se partager une somme qui arrive à peu près à 260 fr. par an chacun.

Cette somme est plus que suffisante à tous les besoins possibles dans une situation égalitaire; car si 260 fr. ne suffisent pas pour un homme fait, il y a de reste pour un enfant. Et chaque individu ne consomme, l'un dans l'autre, qu'environ 190 fr. de produits agricoles et industriels. Mais nous n'en sommes point là.

Celui qui prend 12 millions par an sur la masse à partager, dévore à lui seul la subsistance d'environ 46,000 Français.

Celui qui prend un million, mange tout le revenu de 3,840.

Un conseiller-d'état touche, dans ses 15,000 francs, celui d'environ 57.

Il a été supputé que les huit ministres, avec leurs chefs de bureaux, directeurs et employés seulement, touchaient par an environ 9 millions 7 cents mille francs d'appointemens, c'est-à-dire qu'ils prennent la part de 37 mille Français.

On conçoit qu'avec tant de mangeurs il doit y avoir des jeûneurs.

Et qu'on ne vienne pas dire que *cet argent dévoré par les riches se dépense et revient ensuite au pauvre par mille canaux*. Sans doute les marchands peuvent gagner quelque chose sur le superflu des opulens : mais qu'y peut gagner l'homme qui n'a que ses bras? Le salaire de sa journée, et l'hôpital quand il est malade.... *Je voudrais bien qu'on m'expliquât*, disait J. B. Say, *comment le bois prodigué dans les bureaux d'un ministère, empêche la veuve ou l'ouvrier d'avoir froid dans sa mansarde?*

On dit que la splendeur des grands *fait aller le commerce et vivre le pauvre*. En effet, il doit voir avec ravissement ces profusions auxquelles on a plié ses idées dans tous les temps. Quand un palais étincelle de lumières, quand des groupes d'hommes dorés, de femmes chargées de diamans s'y pavannent, quand la musique y enivre les sens, le pauvre est là dans la rue qui regarde et écoute. Il doit être content : c'est à son bien-être qu'on travaille! toutes ces parures, ces lustres, ces glaces font aller le commerce.... Il reste donc absorbé dans sa contemplation, jusqu'à ce que le froid, la pluie, l'aient glacé, et que des tiraillemens d'estomac l'avertissent qu'il n'a pas dîné. En rentrant chez lui, il contera à sa femme et à ses enfans, ce qu'il a pu voir, et ils en jeûneront avec plus de résignation.

Messieurs, pour terminer, je n'ajoute plus qu'un mot, qu'une vérité qui sera profondément sentie dans cette enceinte : la justice, la justice même en France est inaccessible pour le pauvre; les frais à avancer sont trop considérables, vous le savez. Aussi, moi, son ami, son défenseur, son frère de cœur et de conviction, j'ai voulu le représenter ici tel qu'il est lui-même. Je n'ai point fait comparaître de témoins. Les témoins que j'aurais appelés sont les médecins, les infirmiers des hôpitaux, les filles publiques, les hommes de la geôle et du bagne, tous ces hommes de réprobation, de misère ou de secours et de dévouement, qui auraient attesté combien est mauvaise l'organisation de la société actuelle, qui peut bien gâter et corrompre le prolétaire dans quelques-uns de ses rameaux, mais non pas le tronc, il est sain, il est vivace, il est vigoureux, il grandit ; c'est l'arbre social, messieurs, qui ombragera avant peu le sol de l'Europe et de la France régénérées.

M. Avail s'en est tenu à la défense présentée par M. Desjardins son collègue des *Amis du Peuple*.

MMˢ Dupont, Boussi et Frédérica ont débattu le point de droit et complété la défense.

Mᵉ Boussi a prouvé d'une manière lucide et fort remarquable, qu'aucun des chefs d'accusation ne ressortait de la brochure incriminée.

Mᵉ Dupont a clos les plaidoiries par une des plus chaleureuses improvisations, sur ce titre de *barbares* donné si gratuitement à la classe ouvrière, par un article semi-ministériel du *Journal des Débats*, dont il a fait la lecture.

Le jury a reconnu la non-culpabilité des prévenus, et leur acquittement a été prononcé.

Après la lecture du verdict, Félix Avril a demandé la parole.

M. LE PRÉSIDENT : Pourquoi la parole ? vous êtes acquitté ; vous n'avez rien à dire.

FÉLIX AVAIL : Pardon, M. le président, j'ai à faire une réclamation pour la restitution de la brochure saisie.

Tout ce que je sais maintenant du verdict, c'est que la distribution de cette brochure n'est point prouvée, et qu'en conséquence la saisie qui en a été faite, à mon domicile, était illégale.

Il faut une réparation à cette illégalité ; je demande donc à rentrer dans ma propriété, et je réclame formellement la restitution des cinq cents exemplaires saisis.

L'avocat-général ne s'est point élevé contre cette réclamation, et la cour a prononcé l'acquittement des prévenus et ordonné la restitution de la brochure.